JACK NADEL

◆

147

WEISHEITEN
FÜR DEN MANAGER

UEBERREUTER

Die Deutsche Bibliothek – CIP-Einheitsaufnahme

Nadel, Jack
147 Weisheiten für den Manager : Ehrlich währt am längsten /
Jack Nadel. – Wien: Wirtschaftsverlag Carl Ueberreuter, 1997
Einheitsacht.: How to succeed in business without lying <dt.>
ISBN 3-7064-0341-2

◆

Aus dem Amerikanischen von Stephan Gebauer
Originaltitel: „How to Succeed in Business Without Lying,
Cheating or Stealing", erschienen bei POCKET BOOKS,
a division of Simon & Schuster Inc., New York
Copyright © 1993 by Jack Nadel
Copyright © der deutschsprachigen Ausgabe 1997
by Wirtschaftsverlag Carl Ueberreuter, Wien/Frankfurt
Umschlag: Kurt Rendl
Printed in Hungaria

INHALT

Jeden Tag melden die Schlagzeilen aus irgendeiner Ecke der Welt einen neuen Betrug. Wir sind verwirrt angesichts des Verlusts alter Werte. Wir haben das Vertrauen in diejenigen verloren, die Politik und Wirtschaft lenken.

Man muß nur den Mann auf der Straße fragen, wem er vertraut. „Niemandem!" wird er sagen. „Alle miteinander lügen, betrügen und stehlen sie."

Unsere Wirtschaft und unsere Moral gehorchen demselben Rhythmus. In den letzten zehn Jahren haben wir beobachten müssen, wie unsere ethischen Werte und unser Reichtum rasant abbröckelten.

Die großen Industriekapitäne wurden von einer Armee kurzsichtiger Führungskräfte ersetzt. Allzu viele von ihnen glauben, man könne ruhig betrügen, solange man sich nicht erwischen lasse.

Wir sind nicht nur unehrlich geworden, sondern haben auch alles zu kompliziert gemacht. Wir beschäftigen uns viel zu viel mit der Theorie und viel zu wenig mit der Realität.

147 Weisheiten für den Manager ist das Handbuch zum Erfolg. Es ist ein einfaches Buch, aber es enthält Einsichten aus vierzig Jahren erfolgreicher Unternehmertätigkeit.

Diese Juwelen aus dem unternehmerischen Erfahrungsschatz können die Grundlage für Ihren Reichtum darstellen.

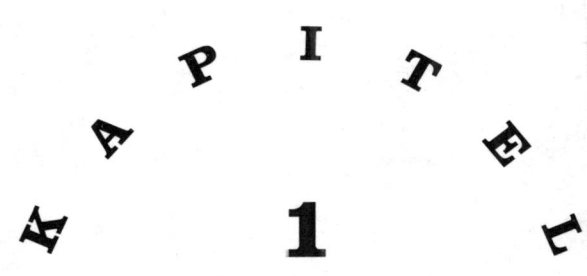

KAPITEL

1

◆

DER
EINSTIEG

BEI ALLEM, WAS SIE TUN, SOLLTEN SIE SICH VON EINEM AUSGEPRÄGTEN SINN FÜR ETHISCHES UND MORALISCHES VERHALTEN LEITEN LASSEN.

◆

Das bedeutet nicht, daß Sie ein Tugendbold sein müssen. Um erfolgreich sein zu können, müssen Sie bei dem, was Sie tun, ein gutes Gefühl haben. So werden Sie ausdauernder sein und sich wohler fühlen, weil Sie ein ehrlicher Geschäftsmann sind.

◆

GEHEN SIE KALKU-LIERTE RISIKEN EIN.

◆

Ein Geschäft ohne Risiko gibt es nicht.
Die Größe des Risikos steht in
direktem Verhältnis zum möglichen
Gewinn. Bietet Ihnen jemand ein
Geschäft an und sagt: „Es ist risiko-
los", dann ist es wahrscheinlich besser,
Sie drehen sich um und gehen.

◆

DURCH SCHLAMPIGE AUSFÜHRUNG WERDEN MEHR GESCHÄFTE KAPUTTGEMACHT ALS DURCH SCHLECHTE KONZEPTE.

◆

Ein Verkäufer legt ein verschmutztes Muster vor – und verliert den Auftrag. Ein mündlich abgeschlossenes Geschäft wird nicht schriftlich festgehalten – weshalb es zu Mißverständnissen und möglicherweise zu einem Rechtsstreit kommt. Sie reisen zu einer Versammlung, und jemand hat die falschen Dokumente in Ihre Aktentasche gelegt... Wer Erfolg haben will, muß den Details größte Aufmerksamkeit schenken.

◆

ERKENNEN SIE EIN BEDÜRFNIS UND ERFÜLLEN SIE ES.

◆

Jedes erfolgreiche Unternehmen in der Geschichte hatte ein echtes Bedürfnis zu befriedigen. Je größer das Bedürfnis, desto größer das Potential.

◆

MACHEN SIE SICH MIT DEM GESCHÄFT VERTRAUT, BEVOR SIE INVESTIEREN.

◆

Bis Sie mit den grundlegenden Problemen sowie den möglichen
Gewinnen vertraut sind, sollten
Sie unbedingt für jemand
anderen arbeiten. Es wird Sie teuer
zu stehen kommen, wenn Sie das
Lehrgeld immer selbst zahlen müssen.

◆

FINDEN SIE HERAUS, WO IHRE STÄRKEN UND SCHWÄCHEN LIEGEN.

◆

Wenn Sie ein toller Verkäufer, aber ein schlechter Buchhalter sind, sollten Sie sich auf das Verkaufen beschränken. Lassen Sie jemand anderen die Abrechnungen machen.

◆

GEHEN SIE RISIKEN EIN, SOLANGE SIE JUNG SIND.

◆

Wenn Sie in Ihrer Jugend einen Fehler
machen, haben Sie noch viel Zeit,
um sich zu erholen. Je älter Sie werden,
desto schwerer wird es Ihnen fallen,
sich von Rückschlägen zu erholen.

◆

VERLIEBEN SIE SICH NICHT IN IHRE IDEE.

◆

Die ursprüngliche Idee hat üblicherweise viele angeborene Mängel.
Es erfordert Zeit, Mühe und Disziplin,
um eine „vollkommene Schönheit"
aus ihr zu machen. In manchen Fällen
kommt es nie dazu. Wenn Sie Ihre
Idee lieben, können Sie möglicherweise
nicht mit ansehen, daß sie stirbt.
Heben Sie sich Ihre Liebe für die Menschen auf.

◆

AUCH WENN SIE VON EINEM GESCHÄFT ÜBERZEUGT SIND, SOLLTEN SIE SICH EIN WENIG ZEIT NEHMEN, UM ALL DIE DINGE ZU ERWÄGEN, DIE SCHIEFGEHEN KÖNNEN.

◆

Jedes Geschäft hat seine Nachteile.
Daß Sie sich lang und sorgfältig
mit diesen auseinandersetzen, macht
Sie nicht zu einem Pessimisten,
sondern kennzeichnet Sie als Realisten.
Wirkt das Geschäft nach genauer
Prüfung immer noch vielversprechend,
dann nichts wie los!

◆

WENN SIE RAT BRAUCHEN, SOLLTEN SIE NACH JEMANDEM SUCHEN, DER ERFAHRUNG HAT.

◆

Beraten Sie sich mit einem erfolgreichen Veteran, der das alles schon erlebt hat und sowohl die Fallen als auch die Möglichkeiten kennt. Dann haben Sie eine Grundlage, auf der Sie Ihre eigene Entscheidung fällen können. Die Chancen stehen gut, daß Sie das Richtige tun werden.

◆

SEHEN SIE SICH DIE DINGE SELBER AN.

◆

Jede Information, die Sie aus zweiter
Hand erhalten, ist bereits durch
die Vorurteile eines anderen deformiert.
Zumindest anfangs sollten Sie
sich die Informationen aus erster Hand
beschaffen.

◆

WENN SIE POKERN WOLLEN, SOLLTEN SIE ZUMINDEST DARAUF ACHTEN, DASS ALLE ASSE IM SPIEL SIND.

◆

Vielleicht glauben Sie, Sie hätten einen genialen Einfall gehabt, weil weder Sie noch Ihre Tante Tilly bisher darauf gekommen waren. Aber ob Sie es glauben oder nicht: möglicherweise hat vor Ihnen schon ein anderer Ihre tolle Idee gehabt. Vielleicht ist mit dieser Idee sein Unternehmen pleite gegangen. Ersparen Sie sich Zeit, Geld und Mühe. Sehen Sie sich genau auf dem Markt um, bevor Sie in eine neue Idee investieren.

◆

MÜSSEN SIE GELD IN IHRE IDEE STECKEN (UND DAS WIRD UNVER- MEIDLICH SEIN), SO SOLLTEN SIE SICHER- GEHEN, DASS SIE AUCH GENÜGEND STEH- VERMÖGEN BESITZEN.

◆

Kapitalmangel bringt mehr Unter-
nehmen zu Fall als jedes andere
Problem. Es ist fast unmöglich, all
die Probleme vorherzusehen, die
unvermeidlich auftreten werden. Seien
Sie bei den Prognosen für Ihren
Kapitalbedarf realistisch – und sorgen
Sie dafür, daß Sie doppelt soviel
Geld zur Verfügung haben. Sie werden
es wahrscheinlich brauchen.

◆

WER DIE WAHRHEIT SAGT, BRAUCHT KEIN PHÄNOMENALES GEDÄCHTNIS.

◆

Viele Leute geraten in eine Spirale der Selbstzerstörung, wenn sie sich in eine Lüge verstricken. Die Lüge wird nur noch schlimmer, wenn man versucht, sie zu vertuschen. Je mehr man lügt, desto schlimmer wird es. Denken Sie an Watergate.

◆

WENN SIE IHRER SACHE SICHER SIND, DANN PACKEN SIE ES AN!

◆

Sie müssen Ihr Ziel entschlossen und begeistert verfolgen. Ein geringerer Einsatz wäre fatal für Sie, Ihre Mitarbeiter... und Ihr Unternehmen.

◆

KAPITEL 2

•

PRODUKTE

GUT IST EIN PRODUKT DANN, WENN ES SICH VERKAUFT.

◆

Künstlerischen Erfolg gibt es in der Welt der Produkte nicht. In dieser Welt zählt nur eines: Verkauft es sich gut und belohnt es Sie für Ihre Investition (an Zeit und Geld) mit einer schönen Rendite, so ist es ein gutes Produkt. Verkauft es sich über einen langen Zeitraum hinweg ausgezeichnet, so ist es ein ausgezeichnetes Produkt.

◆

VERSUCHEN SIE ES ZU VERKAUFEN, NOCH EHE SIE ES HERSTELLEN.

◆

Der Bau der Fertigungseinrichtungen für ein neues Produkt und der Aufbau eines Lagerbestands sind sehr teuer. Ist es Ihnen irgendwie möglich, einen Prototypen zu bauen, so können Sie das Produkt im voraus verkaufen und das Risiko erheblich verringern. Verkauft es sich, so können Sie entsprechend der Nachfrage produzieren. Verkauft es sich nicht, so verlieren Sie sehr wenig Geld.

◆

EIN GROSSARTIGES PRODUKT ERFORDERT EINEN GUTEN VER- KÄUFER – EIN GUTES PRODUKT ERFORDERT EINEN GROSSARTIGEN VERKÄUFER.

◆

Die Wahrheit ist, daß eigentlich jeder ein großartiges Produkt verkaufen kann, dessen Preis stimmt. Doch um ein gewöhnliches Produkt zu verkaufen, braucht man Verkäufer mit besonderem Talent. Und solche Leute sind rar.

◆

FUNKTIONIERT ES?
WIRD ES HALTEN?
WER BRAUCHT ES?

◆

Lautet die Antwort auf die ersten
beiden Fragen ja und fällt Ihnen zur
dritten ein großer Markt ein, dann
haben Sie ein erfolgversprechendes
Produkt.

◆

ENTSCHEIDEN SIE IM VORAUS, OB IHR PRODUKT DAS BESTE ODER DAS BILLIGSTE SEIN SOLL.

◆

Sie müssen wissen, auf welchem Markt
Sie Ihr Produkt verkaufen wollen.
Ist es für den Massenkonsum
bestimmt, so müssen Sie eine Massen-
produktion anstreben. Ist es für
ein kleines Marktsegment mit hohen
Preisen bestimmt, so müssen Sie
sich auf exquisite Qualität konzentrie-
ren. Sie können nicht beides gleich-
zeitig haben.

◆

GROSSARTIGES DESIGN BEDEUTET, DASS MIT DURCHSCHNITTLICHEM EINSATZ ÜBERDURCH-SCHNITTLICHE ERGEBNISSE ERZIELT WERDEN.

◆

Eine Flöte ist so gebaut, daß durch den richtigen Einsatz von Luft ein herrlicher Klang entsteht.

◆

SORGEN SIE DAFÜR, DASS DIE QUALITÄT DES PRODUKTS, DAS IHREN NAMEN TRÄGT, VOM ERSTEN AUGENBLICK AN STIMMT.

◆

Wenn Ihr Name für Qualität stehen
soll, sollten Sie dafür sorgen, daß
die Qualität auch tatsächlich stimmt,
wenn das Produkt auf den Markt
kommt. Bei Markennamen zählt der
erste Eindruck. Erinnern Sie sich
an den Edsel. Obwohl Ford Millionen
hineinsteckte, konnte der Wagen
den schlechten ersten Eindruck nie
korrigieren.

◆

EIN HEISSES PRODUKT KANN ÜBER NACHT AUSKÜHLEN.

◆

Seien Sie sehr vorsichtig mit einem
Produkt, das plötzlich in Mode kommt
und reißenden Absatz findet. Wenn
Ihr Lager in dem Moment leer ist,
da das Produkt aus der Mode kommt,
war Ihr Timing perfekt. Ein Unternehmen, das große Lagerbestände hat,
verliert sehr viel Geld, wenn die
Nachfrage plötzlich versiegt. Möchte
irgend jemand einen Hula-Reifen
haben?

◆

VERLASSEN SIE SICH NICHT AUF DAS, WAS IHRE MAMA SAGT – ES SEI DENN, SIE IST EIN PROFI.

◆

Es ist verblüffend, wie viele Leute ihr
tolles neues Produkt von ihren
Freunden und Verwandten begut-
achten lassen. Diese Laien sind
natürlich auch der Meinung, seit
dem Rad sei nichts derart Großartiges
mehr erfunden worden. Wollen Sie
ein realistisches Urteil hören, so
müssen Sie einen Experten fragen.

◆

DIE BESTEN PRODUKTE WERDEN IM ALLEINGANG ENTWICKELT.

◆

Ein talentierter Einzelkämpfer
ist einer Gruppe fast immer überlegen.
Jemand hat einmal gesagt,
das Kamel sei ein in einem Komitee
entwickeltes Pferd.

◆

FÜR EIN VERBESSERTES ALLERWELTSPRODUKT EXISTIERT STETS EIN MASSENMARKT.

◆

Ist die Nachfrage außerordentlich
groß, so müssen Sie mit heftiger
Konkurrenz seitens der wichtigsten
Branchenteilnehmer rechnen.
Sie werden viel investieren müssen.
Also sollten Sie dafür sorgen,
daß Ihr Produkt leistungsfähig ist und
einen wettbewerbsfähigen Preis hat.

◆

DIE PRODUKTENTWICK-LUNG KANN ZU EINEM RITT DURCH DIE HÖLLE WERDEN.

◆

Sie denken, es sei ein Kinderspiel,
dieses Produkt herzustellen.
Das Modell hatten Sie in wenigen
Tagen fertig, und es sieht toll aus.
Doch jetzt kommen die Produktions-
probleme. Letzten Endes kostet
die Herstellung eines neuen Produkts
immer mehr Zeit und Geld,
als man gedacht hat. Und sie kostet
Nerven.

◆

ACHTEN SIE DARAUF, DASS IHR PRODUKT AUCH WIRKLICH KANN, WAS SIE IN DER WER- BUNG VERSPRECHEN.

◆

Übertriebene Behauptungen über Ihr Produkt können ihm schweren Schaden zufügen. Kann das Produkt nicht, was Sie in der Werbung be- haupten, so wird es auf dem Friedhof der unerfüllten Träume landen. Ein Drache, der nicht fliegt, wird nicht nachbestellt.

◆

AM BILLIGSTEN PRO-DUZIERT MAN, INDEM MAN DIE PRODUK-TION EINEM ANDEREN ÜBERLÄSST.

◆

Wenn Sie keine Fabrik haben, sollten
Sie jetzt auch nicht damit anfangen,
eine zu bauen. Es gibt sicher jemanden,
der genau die richtige Anlage hat,
um Ihr Produkt herzustellen. Er muß
sich bereits mit der Belegschaft,
den Gewerkschaften, den Versicherun-
gen, den Unfällen und all dem
anderen Ärger herumschlagen. Sie
bekommen von ihm einen Preis für ein
fertiges Produkt und können Ihren
Gewinn genau kalkulieren. Auf diese
Art halten Sie Ihre Fixkosten auf
dem niedrigsten Niveau. In Italien
gibt es eine Redensart: „Ich wünsche
Ihnen viele Arbeitnehmer."

◆

**VERKAUFT ES SICH
TROTZ GUTEN
MARKETINGS NICHT, SO
IST ES WAHRSCHEIN-
LICH EIN SCHLECHTES
PRODUKT.**

◆

Finden Sie sich mit einem Verlust ab
und versuchen Sie etwas anderes.
Allerdings gehört die Entscheidung,
ein Produkt aufzugeben, sicher zu den
schwierigsten überhaupt.

◆

WENN NUR DIE HÄLFTE IHRER PRODUKTE ER-FOLGREICH IST, SCHLAGEN SIE MIT 50 PROZENT IHRER AUF-SCHLÄGE ASSE – EIN TOLLER DURCHSCHNITT BEI JEDEM TURNIER.

◆

Es gibt keine größere Angst als die vor dem Versagen. Aber wenn Sie Asse schlagen wollen, werden Sie zwangsläufig ein paar Bälle ins Netz setzen. Die besten Aufschläger stellen auch viele Rekorde bei den Doppelfehlern auf. Wenn Sie gewinnen wollen, müssen Sie weiter Bälle aufwerfen.

◆

SORGEN SIE DAFÜR, DASS ES LEICHT ZU VER- STEHEN IST.

◆

Diese Binsenweisheit gilt für
Ihr Produkt, seine Funktion und
seine Gestalt. Der Kunde will
kein Studium absolvieren, um Ihr
Produkt zu verstehen.

◆

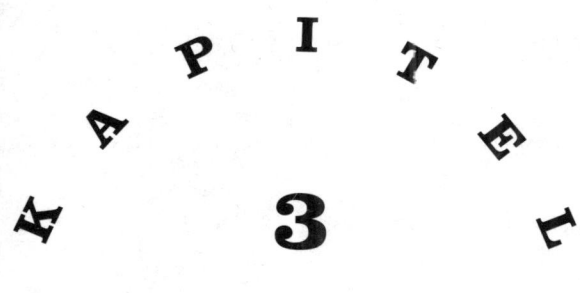

KAPITEL

3

•

VERKAUF
UND MARKETING

WER DENKEN UND SPRECHEN KANN, DER KANN AUCH VER- KAUFEN.

◆

Sie brauchen keinen Universitäts-
abschluß, um verkaufen zu können. Sie
müssen nur Ihr Produkt und
die Bedürfnisse Ihrer Kunden kennen.
Und Sie müssen in der Lage
sein, Ihr Produkt verständlich zu
präsentieren. Der geschwätzige
und aalglatte Verkäufer kam schon
vor langer Zeit aus der Mode.

◆

SIE KÖNNEN DEN MARKT NICHT SCHAFFEN, ABER SIE MÜSSEN IHN VERSTEHEN.

◆

Niemand ist groß, stark oder klug genug, um einen völlig neuen Markt zu erschaffen, aber wir müssen in der Lage sein, vorhandene Märkte zu erkennen. Bevor man an die Entwicklung eines Produkts gehen kann, muß man verstehen, welche wirklichen Bedürfnisse auf den Märkten der Gegenwart und der Zukunft bestehen.

◆

WENN SIE IHR PRODUKT NICHT IN SECHZIG SEKUNDEN ERKLÄREN KÖNNEN, KÖNNEN SIE ES WAHRSCHEIN- LICH AUCH NICHT VER- KAUFEN.

◆

Sie haben nur eine Minute Zeit, um die Aufmerksamkeit Ihres potentiellen Kunden zu wecken. Versteht er Sie nicht, so haben Sie ihn verloren, bevor Sie ihm etwas anbieten konnten. Stellen Sie sich vor, statt eines Briefes ein Telegramm zu schicken. Jedes Wort zählt.

◆

WENN SIE VON FALSCHEN ANNAHMEN AUSGEHEN, IST AUCH ALLES FALSCH, WAS SIE IN DER FOLGE TUN.

◆

Wenn Sie annehmen, die Nachfrage nach Pferdedecken sei groß – und diese Annahme ist falsch –, werden Sie auch auf den besten Pferdedecken der Welt sitzenbleiben.

◆

MARKETING IST EINE KOMBINATION VON WERBUNG, PR UND VERKAUF.

◆

Ein guter Manager muß mit sämtlichen Details vertraut sein, die
Eingang in den Verkaufs- und Marke-
tingmix finden. Es ist, als backe
man einen Kuchen. Damit er gelingt,
muß genau die richtige Menge von
jeder Zutat genau zum richtigen Zeitpunkt hinzugefügt werden.

◆

IHR UNTERNEHMEN SOLLTE SICH NICHT NACH DEM PRODUKT, SONDERN NACH DEM MARKT RICHTEN.

◆

„Produktorientierung" bedeutet, daß man versucht, ein Produkt zu verkaufen – ob die Verbraucher es nun brauchen oder nicht. „Marktorientierung" bedeutet, daß man sich nach den Bedürfnissen des Marktes richtet. Die „Produktorientierung" hätte um ein Haar die amerikanische Autoindustrie umgebracht. Die „Marktorientierung" ließ die japanische Autoindustrie erblühen.
Ihr Unternehmen sollte sich nach dem Markt richten.

◆

SAMSON ERSCHLUG 1000 PHILISTER MIT DEM KIEFERKNOCHEN EINES ESELS. DER GLEICHEN WAFFE FALLEN JEDEN TAG TAUSENDE VERKAUFSABSCHLÜSSE ZUM OPFER.

◆

Viele Menschen wissen einfach nicht, wann sie besser den Mund halten sollten. Die Vorführung ist wunderbar – jetzt kauft der Kunde. Doch der richtige Augenblick für einen erfolgreichen Abschluß geht schnell vorüber. Der geschwätzige Verkäufer redet einfach weiter. Er erquasselt sich den Auftrag und quasselt ihn sich kaputt.

◆

DER VERKAUF GEHÖRT ZU DEN WENIGEN BERUFEN, BEI DENEN DIE BENOTUNG GLEICH EINGEBAUT IST.

◆

Der Verkäufer kann sich nirgendwo
verstecken. Entweder der Kunde
hat gekauft oder er hat nicht gekauft.
Wer auf Provision arbeitet, verkauft etwas oder hat nichts zu essen.

◆

MAN VERKAUFT BESSER AUF DIE SMARTE TOUR ALS AUF DIE HARTE.

◆

Je mehr Sie im voraus planen, je mehr Sie über die Bedürfnisse des potentiellen Kunden erfahren, desto mehr erreichen Sie. Es gibt nichts Schwierigeres als unvorbereitete Verkaufsgespräche, bei denen man nichts über den Kunden weiß.

◆

MIT KOMMISSIONSVER-KAUF KANN MAN MEHR GELD VERDIENEN, ABER ES GIBT KEINE GARANTIERTEN EINNAHMEN.

◆

Der Verkäufer, der auf Kommissions-basis arbeitet, ist ein echter Ver-kaufsunternehmer. Er investiert in Zeit und Einfallsreichtum. Wieviel Geld man auf diese Art auch verdient: es ist nie zuviel.

◆

VERKAUFEN LERNT MAN AM BESTEN DURCH VERKAUFEN.

◆

Nichts ist so gut, wie es selbst zu erleben. Die Erfahrung der Zurückweisung kann wertvoller sein als umgehender Erfolg. Man muß lernen, daß sich die Ablehnung normalerweise nicht auf die eigene Person bezieht. Versuch und Irrtum sind die besten Lehrmeister im Verkauf.

◆

DER KUNDE WILL NICHT WISSEN, WIE DAS PRODUKT GEMACHT IST. ER WILL WISSEN, WAS ES FÜR IHN TUN WIRD.

◆

Zu viel technische Information kann einen Verkauf ruinieren. Es ist, als fragte man, wie spät es ist, um erzählt zu bekommen, wie eine Uhr gebaut wird. Zum Abschluß kommt es nur, wenn der Kunde überzeugt ist, daß die Leistungen des Produkts den Preis rechtfertigen. Technische Erläuterungen zur Herstellungsweise sind für den Käufer normalerweise belanglos. Das gilt für 90 Prozent der Dinge, die verkauft werden.

◆

ES IST LEICHT, EINEN SCHÖNEN SCHEIN, SPANNUNG, HOFFNUNG ZU VERKAUFEN. ES IST SCHWER, EINE VERSICHERUNG ZU VER- KAUFEN.

◆

Die Menschen kaufen eher etwas,
was ihnen ein gutes Gefühl gibt, bevor
sie in den Schutz gegen etwas
investieren, das vielleicht geschieht,
vielleicht aber auch nicht.
Verspricht Ihr Produkt eine sofortige
Befriedigung, so können Sie es
wahrscheinlich ganz schnell verkaufen.

◆

WAHRGENOMMENER WERT VERKAUFT SICH IM HANDUMDREHEN. ECHTER WERT VERKAUFT SICH AUCH EIN ZWEITES MAL.

◆

Es ist gefährlich, Ihren Kunden davon zu überzeugen, Ihr Produkt sei besser, als es tatsächlich ist. Erfüllt es die Erwartungen nicht, so brauchen Sie nicht auf Nachbestellungen zu hoffen.

◆

MAN KANN NICHT JEDEM ETWAS VERKAUFEN – SIE MÜSSEN WISSEN, WANN SIE EINEN POTENTIELLEN KUNDEN AUFGEBEN SOLLTEN.

◆

Zeit ist Geld. Im Eifer der Jagd
auf einen potentiellen Kunden entgeht
es möglicherweise Ihrer Aufmerksamkeit, daß das Geschäft nie
den Zeitaufwand aufwiegen wird. In
einem solchen Fall sollten Sie
sich einem anderen Ziel zuwenden.

◆

BEIM MARKETING GEHT ES IM GRUNDE DARUM, ZWEI BEDÜRFNISSE SO ZU KOMBINIEREN, DASS DAS EINE DAS PROBLEM DES ANDEREN LÖST.

◆

Eine Reihe von Menschen oder Unternehmen braucht Ihr Produkt.
Sie müssen diese potentiellen Kunden finden und dann einen Marketingplan entwerfen, um sie zu erreichen und ihnen etwas zu verkaufen.
Ist das erledigt, so haben Sie es geschafft, das Bedürfnis der Kunden nach Ihrem Produkt sowie Ihr Bedürfnis nach Käufern zu befriedigen.

◆

VERKAUFEN SIE DAS BRUTZELN IN DER PFANNE – ABER SORGEN SIE DAFÜR, DASS UNTER DEM DECKEL AUCH EIN GUTES STEAK LIEGT.

◆

Gutes Verkaufen erfordert, daß Sie Ihr
Produkt spannend machen und
mit Glanz umgeben. Sie müssen den
Wunsch wecken, jetzt zu kaufen.
Doch ohne bleibende Qualität kein
dauerhafter Erfolg.

◆

DER WEG IN DIE HÖLLE IST MIT FALSCHEN BEHAUPTUNGEN GEPFLASTERT.

◆

Abraham Lincoln sagte: „Man kann alle Menschen manchmal und manche Menschen immer für dumm verkaufen. Aber es ist unmöglich, alle Menschen immer für dumm zu verkaufen." Wer in den Himmel der erfolgreichen Geschäftsleute kommen will, darf das nie vergessen.

◆

EHRLICHKEIT IST NICHT NUR DIE BESTE, SONDERN AUCH DIE PROFITABELSTE METHODE.

◆

Keine Lüge ist fein genug gesponnen, um unentdeckt zu bleiben. Dem einmal ertappten Dieb traut niemand mehr. Jedes Geschäft erfordert ein gewisses Maß an Vertrauen. Ehrlichkeit ist die Grundlage lang währender Beziehungen und erschließt neue Möglichkeiten.

◆

„WAS MIR SELBST GEFÄLLT, KANN ICH AUCH VERKAUFEN" IST UNFUG. DER KÄUFER MUSS ES MÖGEN.

◆

Es ist von Vorteil, wenn Sie selbst von Ihrem Produkt überzeugt sind.
Doch letzten Endes hängt der Erfolg oder Mißerfolg davon ab, wie gut das Produkt dem Kunden gefällt.
Sie können ruhig in Ihr Produkt vernarrt sein, aber es muß auch jemand anderer gern haben, sonst wird es nicht gekauft.

◆

DIE KUNDEN WERDEN IHNEN DIE TÜR EINRENNEN, WENN SIE EIN BESSERES PRODUKT HABEN – SOFERN IHR MARKETINGPLAN GUT IST.

◆

Die Mundpropaganda ist in unserer Zeit der rasanten Verbreitung von Neuigkeiten nicht mehr schnell genug. Sobald Sie soweit sind, sollten Sie ein intensives Werbe- und Marketingprogramm in die Wege leiten, bevor Ihnen ein Konkurrenzprodukt zuvorkommt. Wie viele Tränen haben all die Verlierer vergossen, die eine tolle Idee schon früher hatten, sie jedoch nicht umsetzen konnten!

◆

WICHTIG IST NICHT, WIE VIELE LEUTE SIE MIT IHRER WERBUNG ERREICHEN, SONDERN WIE VIELEN SIE ETWAS VERKAUFEN.

◆

Für die traditionelle Werbung haben magere Zeiten begonnen. Es ist nicht wichtig, wie viele Menschen Sie erreicht haben. Die wirklich wichtige Frage lautet: Wie viele Menschen hat die Werbung dazu bewegt, Ihr Produkt zu kaufen?

◆

GUTE WERBUNG VER-KAUFT EIN PRODUKT ZU SEHR GERINGEN KOSTEN AN SEHR VIELE MENSCHEN.

◆

Verlieren Sie nie die Beziehung zwischen Kosten und Resultaten aus den Augen: Wieviel habe ich bezahlt und was habe ich dafür bekommen? Finden Sie einen Weg, das Verhältnis zu messen.

◆

PUBLIC RELATIONS DIENT DAZU, DAS IMAGE ZU HEBEN.

◆

Es ist fast unmöglich, die Resultate
einer PR-Kampagne abzuschätzen.
Noch schwieriger ist es festzustellen,
ob sie den Aufwand an Zeit und
Geld wert war. Der Erfolg hängt davon
ab, welche Ziele Sie sich gesteckt
hatten und ob Sie meinen, diese Ziele
erreicht zu haben.

◆

DAS IN DER VER-GANGENHEIT ERFOLG-REICHE MARKETING-PROGRAMM MUSS NICHT UNBEDINGT AUCH HEUTE FUNKTIONIEREN.

◆

Es gibt keine Formel, die die Zeit überdauert. Die rasanten Veränderungen auf den Märkten von heute machen Produkte und Konzepte rasch überflüssig. Wer sich dem Wandel nicht anpaßt, verschwindet von der Bildfläche.

◆

DIE MENSCHEN REDEN VOM ABNEHMEN – UND ESSEN DINGE, DIE DICK MACHEN.

◆

Es erfordert großes Geschick,
das wirkliche Bedürfnis aufzudecken.
Wir alle wissen, daß Karotten
und Broccoli gut für uns sind, aber
diese Produkte brechen keine
Verkaufsrekorde. Fetthaltiges Eis
hingegen findet rasenden Absatz.

◆

WER DIE WAHRHEIT SAGT, MUSS SICH SPÄTER NICHT ENTSCHULDIGEN.

◆

Moralische Integrität und gute
Geschäfte gehen Hand in Hand. Selbst
wenn Sie nie erwischt werden
(was sehr unwahrscheinlich ist), führt
Unaufrichtigkeit nicht ans Ziel.
Zuallererst müssen Sie sich selbst
trauen können.

◆

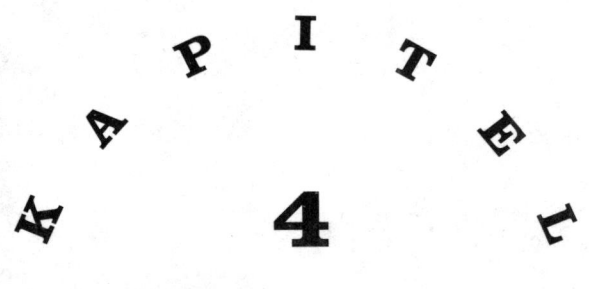

KAPITEL 4

VERHANDELN

WIRKLICH GUT IST EIN GESCHÄFT NUR DANN, WENN ES FÜR ALLE BETEILIGTEN GUT IST.

◆

Wenn nur eine der beiden Seiten etwas davon hat, wird es nicht von Dauer sein. Nur selten kommt jemand aus einer Verhandlung und hat alles erreicht, was er wollte. Aber nach einem guten Geschäft stehen alle Beteiligten besser da als vorher.

◆

ES MACHT NICHTS, EINE SCHLACHT ZU VERLIEREN... ACHTEN SIE NUR DARAUF, DASS SIE DEN KRIEG GEWINNEN.

◆

Zu den größten Fehlern des Amateurs gehört es, in keinem Punkt nachzugeben. Wenn schließlich die wichtigsten Dinge besprochen werden, steht er bereits in dem Ruf, uneinsichtig zu sein. Das bedeutet, daß die andere Seite einen harten Kurs einschlägt. Jeder möchte gerne glauben, gewonnen zu haben. Doch anstatt als „Sieger" aus der Verhandlung hervorzugehen, sollten Sie sich darum bemühen zu bekommen, was Sie wollen.

◆

LASSEN SIE ETWAS AUF DEM TISCH ZURÜCK.

◆

Viele Leute glauben, sie müßten
bei jedem Geschäft den letzten Tropfen
Blut aus ihrem Gegenüber
heraussaugen. Doch die Opfer werden
zurückkommen und die Verfolgung
des Siegers aufnehmen. Je mehr
Sie den anderen bluten lassen, desto
brutaler wird er zurückschlagen.

◆

ACHTEN SIE AUF KLARHEIT. SEIEN SIE DIREKT.

◆

Viele Geschäfte gehen verloren, weil die Verhandlungsparteien zu einem Thema abschweifen, das nur untergeordnete Bedeutung für das Gesamtgeschäft hat. Wenn Sie dann endlich zum Kern der Sache kommen, sind sie bereits erschöpft von der Beschäftigung mit Fragen, die sie eigentlich erst später hätten diskutieren müssen.

◆

STELLEN SIE FEST, WAS DIE ANDERE SEITE BRAUCHT – UND VERSUCHEN SIE, ES IHR ZU GEBEN.

◆

Bevor Sie sich holen können, was Sie wollen, müssen Sie unbedingt herausfinden, was Ihr Gegenüber will. Die eigentliche Frage lautet: Was ist er bereit zu geben, um seine Ziele zu erreichen?

◆

HÖREN SIE ZU... VIELLEICHT FINDEN SIE HERAUS, WAS IHR GEGENÜBER WIRKLICH WILL.

◆

Zumeist ist derjenige, der weniger spricht, der bessere Verhandler. Sehen Sie Ihren Verhandlungspartner direkt an, während er spricht. Hören Sie sich alle seine Wünsche aufmerksam und geduldig an. So gewinnen Sie eine bessere Vorstellung davon, wie weit Sie ihm entgegen-kommen müssen, um das Geschäft zu machen.

◆

FINDEN SIE EINEN WEG, UM IN VERHANDLUNGEN SO RASCH WIE MÖGLICH ZU EINER EINIGUNG ZU GELANGEN.

◆

Ein negativer Beginn führt üblicherweise zu einem negativen Ergebnis.
Indem Sie mit einer positiven
Einstellung in das Gespräch gehen,
zeigen Sie, daß Sie ein offenes Ohr für
die Bedürfnisse der anderen
Seite haben. So legen Sie ein solides
Fundament, um die Turbulenzen
zu überstehen, in die die Partnerschaft
zwangsläufig geraten wird.

◆

SPRECHEN SIE PROBLEME DIREKT AN. DENN SIE LÖSEN SICH NICHT EINFACH IN NICHTS AUF.

◆

Bei jedem Geschäft gibt es einige
schwierige Fragen zu klären,
und beide Seiten wissen um diese
sperrigen Probleme. Doch man
wird das Monster nicht los, indem man
es einfach draußen vor der Tür läßt.
Es wird während der gesamten
Verhandlung draußen auf Sie warten.
Sie müssen diese heikle Frage
ansprechen und so früh wie möglich
lösen. Wenn Sie hier eine
akzeptable Lösung finden, ist alles
andere schnell geklärt.

◆

NACHDEM SIE DAS BESTE GESCHÄFT AUSGEHANDELT HABEN, SOLLTEN SIE EINEN KRÖNENDEN ABSCHLUSS FINDEN.

◆

Sie müssen die Verhandlungen unbedingt mit einem Glanzpunkt beenden. Mit einer netten Geste verbessern Sie die Stimmung zwischen den Geschäftspartnern erheblich. Eine positive Überraschung sorgt dafür, daß der Geist der Zusammenarbeit, der die Verhandlungen prägte, auch in der Geschäftsbeziehung erhalten bleibt.

◆

HALTEN SIE DIE VER-EINBARUNGEN STETS SCHRIFTLICH FEST.

◆

Das meiste von dem, was gesagt wird, ist schon bald danach wieder vergessen. Eine kurz nach dem Ende des Treffens diktierte schriftliche Aufzeichnung festigt nicht nur die Vereinbarung, sondern auch den Geist, in dem sie geschlossen wurde. Taucht Jahre später irgendein Konflikt auf, so gibt es keine Diskussion darüber, was ursprünglich vereinbart wurde. Es ist von Vorteil, der anderen Seite eine Kopie zur Unterzeichnung und Bestätigung Ihrer Aufzeichnungen zu übermitteln.

◆

JEDE VEREINBARUNG IST NUR SO GUT WIE DIE MENSCHEN, DIE SIE GESCHLOSSEN HABEN.

◆

Das Wichtigste in jeder Verhandlung
sind die Leute, mit denen Sie es zu
tun haben. Der Charakter einer Person,
die seit geraumer Zeit im
Geschäft ist, tritt hier deutlich zutage.
Ein geschickter Anwalt kann jeden
Vertrag zerpflücken – und es lauern
viele Anwälte auf eine Gelegenheit, ihr
Können zu zeigen. Seien Sie auf der
Hut!

◆

VERMEIDEN SIE ES, ULTIMATEN ZU STELLEN.

◆

Die weichsten und schwächsten
Verhandler reagieren schlecht, wenn
sie in eine Ecke gedrängt werden.
Wenn Sie sagen: „Dies ist mein letztes
Angebot", bleibt Ihrem Gegenüber
kein Platz mehr zum Ausweichen.
Manchmal wird Ihnen genau das als
einzige Möglichkeit erscheinen. Aber
bevor Sie diese Worte aussprechen,
sollten Sie wissen, daß Sie damit
möglicherweise die Verhandlungen
beenden.

◆

WIE GROSS DIE VERSUCHUNG AUCH SEIN MAG: BLUFFEN SIE NICHT.

◆

Das ist beim Pokern in Ordnung.
Wenn man Sie auffordert, Ihre Karten
auf den Tisch zu legen, verlieren
Sie nur die Runde, die gerade gespielt
wird. Doch in der realen Geschäfts-
welt sollte man nie leichthin
Drohungen ausstoßen. Tut man es
doch, so muß man auch bereit
sein, den Worten Taten folgen zu
lassen. Ist man dazu nicht bereit,
so sollte man sich von vornherein nicht
allzu weit aus dem Fenster lehnen.

◆

VERSUCHEN SIE, JEDE VERHANDLUNGSRUNDE IN GUTER ATMOSPHÄRE ZU BEENDEN.

◆

Es ist taktisch klug, eine Pause ein-
zulegen, wenn die Situation
angespannt wird und anscheinend kein
Raum für Kompromisse mehr
vorhanden ist. Geben Sie beiden Seiten
Gelegenheit, sich zurückzuziehen
und die Situation neu zu bewerten.
Beenden Sie eine harte Sitzung
mit einer humorvollen Aussage oder
mit einem aufrichtigen Kompliment
an die andere Seite. Damit schaffen
Sie eine positive Atmosphäre für die
nächste Verhandlungsrunde.

◆

HALTEN SIE DIE TÜR OFFEN ...

◆

Auch wenn Sie fest davon überzeugt
sind, daß ein Geschäftspartner
für immer verloren ist, sollten Sie
daran denken, daß die Zeit
die Dinge verändert. Sie sollten sich
stets die Möglichkeit erhalten,
irgendwann an den Verhandlungstisch
zurückzukehren.

◆

DIE UMSETZUNG DER VEREINBARUNG IST EBENSO WICHTIG WIE DER EIGENTLICHE GESCHÄFTSABSCHLUSS.

◆

Alle sind glücklich, das Geschäft ist unter Dach und Fach, und die Vereinbarung wurde in einem schriftlichen Vertrag festgehalten. Nun ist der Zeitpunkt gekommen, um dafür zu sorgen, daß nicht nur die Buchstaben, sondern auch der Geist des Vertrags verwirklicht werden. Nur wer auf die Details achtet, wird Erfolg haben.

◆

HALTEN SIE IHR EGO IM ZAUM.

◆

Geben Sie der anderen Seite
das Gefühl, mit ihren Ideen wesentlich
zum erfolgreichen Geschäftsabschluß
beigetragen zu haben. Es genügt, wenn
Sie selbst wissen, daß es von Anfang
an Ihr Konzept war. Streichen Sie die
Vorteile ein. Das Lob soll ruhig
die andere Seite für sich in Anspruch
nehmen.

◆

KAPITEL

5

. . . .

◆

BANKER, BUCHHALTER UND ANWÄLTE

. . . .

NICHT ALLE BANKEN SIND GLEICH.

◆

Banken gibt es in allen Größen und Formen. Versuchen Sie nie, eine Bank zu ändern – es ist unmöglich. Manche Banken sind gut auf kleine Dienstleistungsunternehmen eingestellt, andere bevorzugen große Produzenten. Wieder andere bieten Leistungen für den globalen Markt an. Informieren Sie sich genau, um die richtige Bank für Ihre Bedürfnisse zu finden. Der Kunde hat die Wahl.

◆

ZINSEN SIND IMMER VERHANDLUNGSSACHE.

◆

Nicht alle Kunden einer Bank erhalten dieselben Zinsen. Die bevorzugten Kunden erhalten die Prime rate oder noch günstigere Konditionen. Doch das gilt nur für die Großkunden mit ausgezeichneter Kreditwürdigkeit. Den besten Zinssatz und die günstigsten Kreditbedingungen müssen Sie selbst aushandeln. Der erste Vorschlag der Bank ist nicht zwangsläufig auch der beste. Erweist sich die Bank als unflexibel, so können Sie sich ruhig anderswo nach besseren Konditionen umsehen. Es gibt so viele Banken, und eine davon bietet Ihnen vielleicht genau das an, was Sie brauchen.

◆

EIN GUTER BANKER VERLEIHT NICHT EINFACH NUR GELD.

◆

Die Kreditvergabe ist das Hauptge-
schäft der meisten Banken. Traditionell
machen sie ihren Gewinn damit, daß
sie Geld zu einem bestimmten Zinssatz
borgen und zu einem höheren verleihen.
Doch Banken können auch ausgezeich-
nete Informationsquellen sein, denn
sie haben einzigartige Möglichkeiten,
die Kreditwürdigkeit von Kunden
und Lieferanten zu überprüfen. Wenn
sie über starke Auslandsniederlassungen
verfügen, können sie sogar Geschäftspartner in anderen Ländern empfehlen.
Prüfen Sie, welche Leistungen gratis
oder gegen angemessene Gebühren
angeboten werden.

FÜR EINEN INVESTMENTBANKER GIBT ES KEIN SCHLECHTES GESCHÄFT.

Er holt sich das Geld für das Geschäft im voraus. Für ihn ist es eigentlich unerheblich, ob der Kredit bedient werden kann. Wird ein Leveraged Buyout mit Junk Bonds finanziert, so sind alle Provisionen bezahlt, lange bevor die erste Zinszahlung erfolgt. Die meisten dieser Geschäfte sind anscheinend zu gut, um wahr zu sein. Und üblicherweise sind sie es tatsächlich. Vertrauen Sie diesen Bankern nicht. Ob Sie nun gewinnen oder verlieren: die Bank gewinnt immer.

DIE BANK WIRD STETS VERSUCHEN, DAS GESCHÄFT SO WEIT WIE MÖGLICH ABZUSICHERN.

◆

Sie wird zur Besicherung des Kredits
alles von Ihnen verlangen, was Sie
haben: Ihr Haus, Ihren Besitz, Ihren
rechten Arm… sogar Ihr Erst-
geborener wird gerne genommen.
Durch geduldiges Verhandeln
kann man die Forderungen in Grenzen
halten.

◆

IHRE BANK BRAUCHT EINE CASH-FLOW-PROGNOSE – UND DIE KANN GAR NICHT KONSERVATIV GENUG SEIN.

◆

Fällt Ihre Prognose optimistisch aus, so werden Sie nicht genug Kredit bekommen, um über die Runden zu kommen. Dann müssen Sie erneut zur Bank gehen und sich mehr Geld leihen. Doch es dürfte schwierig werden, Ihre Kreditlinie zu erhöhen. Sie haben Ihren Bedarf unterschätzt, und nun ist Ihre Glaubwürdigkeit erschüttert. Selbst wenn das ein wenig mehr kostet: Es ist sehr viel besser, mehr Kredit zu haben, als Sie benötigen.

◆

BANKER HASSEN ÜBERRASCHUNGEN.

◆

Sie müssen sich jedem Problem so früh wie möglich stellen und es lösen, bevor es übermächtig wird. Es kann Ihnen nichts Schlimmeres passieren als der Verlust Ihrer Liquidität. Dann müssen Sie hilflos zusehen, wie Ihre Schecks zu platzen beginnen. Ab diesem Zeitpunkt können Sie eigentlich nicht mehr aktiv eingreifen. Wenn Sie Ihr Problem richtig darlegen, noch ehe es zur Katastrophe kommt, wird Ihre Bank alles tun, um Ihnen aus der Patsche zu helfen. Ihren Kredit zu kündigen ist das letzte, was die Bank will.

◆

DIE STEUERGESETZE SIND WEDER LOGISCH NOCH ZWANGSLÄUFIG FAIR.

◆

Ihr Buchhalter muß nicht nur die Vorschriften der Bundessteuerbehörde deuten, sondern sich auch mit den Behörden in sämtlichen Staaten und Gemeinden herumschlagen, in denen Sie tätig sind. Jede Steuerbehörde wendet ihre eigenen Regeln und Maßstäbe an. Sogar innerhalb der einzelnen Abteilungen hat jeder Steuerprüfer seine eigenen Vorstellungen davon, wie ein Problem behandelt werden sollte.

◆

EIN GUTER BUCH- HALTER IST MEHR ALS EIN ERBSENZÄHLER.

Er öffnet Ihnen die Tür zu der verwir- renden Welt der Finanzen. Wenn ein Unternehmen wächst, wird es kom- plizierter. Sie müssen Finanzberichte, Prognosen, Cash-flow-Analysen und Bilanzen erstellen, denn Ihre Bank und Ihre Geldgeber wollen laufend wissen, ob Sie noch liquid sind und ein kal- kulierbares Risiko darstellen. Und dann sind da noch all die Steuerfragen, mit denen Sie sich auseinandersetzen müssen. Ein guter Buchhalter wird Sie unbeschadet durch diesen Dschungel führen.

◆

DIE BUCHHALTUNG IST NICHT NUR EINE WISSENSCHAFT, SONDERN AUCH EINE KUNST.

◆

Dieselben Zahlen können sehr unterschiedlich dargestellt und interpretiert werden. Sogar die Steuerexperten sind sich oft nicht darüber einig, wie bestimmte Zahlen behandelt werden sollten. Die Steuergesetze zu verstehen und eine bessere Behandlung zu erhalten ist tatsächlich eine Kunst.

◆

SPRECHEN SIE NUR IM BEISEIN IHRES BUCHHALTERS MIT EINEM STEUERPRÜFER. NOCH BESSER IST ES, SIE REDEN ÜBERHAUPT NICHT MIT IHM.

◆

Die Steuerbehörden haben eine ganz eigene Sprache. Der Normalbürger kann wahnsinnig werden bei dem Versuch, ihnen etwas klarzumachen oder auch nur zu verstehen, warum sie so starrsinnig sind. Ein guter Buchhalter versteht die Sprache der Behörden und ist geduldig genug, um mit ihnen zu verhandeln. Im Idealfall bringt er den Steuerprüfer sogar dazu, Ihre Auffassung zu akzeptieren.

◆

WIE GUT IHR BUCH-HALTER IST, WISSEN SIE ERST, WENN SIE EINMAL ÄRGER MIT DEM FINANZAMT GEHABT HABEN.

◆

Im Geschäftsleben kann kaum eine schlimmere Nachricht eintreffen als die, daß Ihre Steuererklärung über-prüft wird. Jetzt muß Ihr Buch-halter zu Ihrer Rettung herbeieilen. Er muß beweisen, daß alle Ihre Abzüge korrekt waren. Eine Auseinander-setzung mit dem Finanzamt werden Sie nie gewinnen. Hält sich der Schaden in Grenzen, so verdient Ihr Buchhalter eine Medaille. Ist der Schaden katastrophal, verdient er den Laufpaß.

◆

WIE DIE TAXIFAHRER LASSEN AUCH RECHTSANWÄLTE GERNE DIE UHR WEITERLAUFEN.

◆

Es ist durchaus angebracht, sämtliche
Rechnungen Ihres Rechtsanwalts
zu überprüfen. Üblicherweise wird er
nach Stunden bezahlt. Sie müssen
entscheiden, ob all der Zeitaufwand für
Ihre Angelegenheiten wirklich
notwendig war. Hat man Ihnen eine
gepfefferte Honorarnote dafür gestellt,
daß Sie ein wenig Small talk machten
und versuchten, die Beziehung zu
vertiefen? Die in Rechnung gestellte
Zeit genau aufzuschlüsseln ist fast
unmöglich. Aber allein dadurch,
daß Sie die Gebühren in Frage stellen,
halten Sie sie in Grenzen.

◆

DIE EIGENTLICHE AUF-GABE IHRES ANWALTS IST ES, SIE ZU SCHÜTZ-EN UND ZU BERATEN.

◆

Sie müssen die Vorgehensweise und die Maßstäbe festlegen. Ihr Rechtsberater hat Ihnen zu erklären, was Ihnen das Gesetz erlaubt und verbietet. Wenn Sie ein Geschäft abschließen, setzt er einen Vertrag auf, der die Vereinbarungen deutlich festhält. Wie gut Ihr Anwalt wirklich ist, erfahren Sie jedoch erst, wenn die Vereinbarung auf die Probe gestellt wird. Einer der größten Fehler besteht darin, dem Anwalt die Verantwortung für Ihre Entscheidungen zu übertragen. Die Aussage: „Das wird mir mein Anwalt nicht gestatten" entlarvt Sie als entscheidungsschwach.

ERZÄHLEN SIE IHREM ANWALT DIE GANZE WAHRHEIT, BEVOR SIE SCHWIERIGKEITEN BEKOMMEN.

◆

Nur Sie selbst wissen genau, was
Sie tun und warum Sie es tun. Wenn
Sie auch nur den geringsten
Verdacht hegen, daß eine Ihrer Hand-
lungen negative rechtliche Konse-
quenzen haben könnte, sollten Sie mit
Ihrem Rechtsanwalt darüber
sprechen. Erzählen Sie ihm alles ohne
Angst, selbst wenn Sie dabei nicht
gut aussehen. Er wird es vertraulich
behandeln. Das Gesetz berechtigt
und verpflichtet ihn dazu. Möglicherweise hat er für Ihr Problem eine
Lösung, die Ihnen nie in den Sinn
gekommen wäre.

◆

EIN GRAMM RECHTSBERATUNG IST MEHR WERT ALS EIN KILO RECHTSVERTRETUNG.

◆

Ein Prozeß ist fast immer die schlechteste Lösung für ein Problem. Beraten Sie sich regelmäßig mit Ihrem Anwalt über Ihre Aktivitäten. Wie häufig diese Treffen stattfinden, sollte davon abhängen, wie komplex Ihre Tätigkeiten und wie groß die rechtlichen Risiken sind. Die Besprechungen können einmal in der Woche, einmal im Monat oder einmal im Jahr stattfinden. Wenn Sie damit auch nur einen einzigen Rechtsstreit vermeiden, hat es sich gelohnt.

RECHTSSTREITIG-KEITEN KÖNNEN SIE RUINIEREN.

◆

Die Terminkalender der Gerichte
sind so überfüllt, daß es Jahre dauern
kann, bis Ihr Fall verhandelt wird.
Die Kosten für Konferenzen, Strategie-
sitzungen, Zeugenaussagen und
Verfahrensvorbereitung steigen. Legen
Sie den Rechtsstreit so früh wie
möglich bei, selbst wenn Sie dafür
mehr bezahlen müssen als angemessen.
Dies wird sich in den meisten
Fällen als die billigste Vorgehensweise
erweisen.

◆

VERSUCHEN SIE, ALLE STREITIGKEITEN AUSSERGERICHTLICH BEIZULEGEN.

◆

Man braucht große Disziplin,
um ungerechtfertigte Zugeständnisse
machen zu können, doch dies ist
oft der beste Weg. Die Kosten eines
Rechtsstreits sind normalerweise
sehr viel höher als die Kosten einer
frühen gütlichen Einigung.
Oft sind die Anwälte die einzigen
Gewinner.

◆

ANWÄLTE SIND
WIE WAFFEN.

◆

Man muß sie für den Einsatz bereit-
halten, aber sie sollten nur im
äußersten Notfall eingesetzt werden.
Sind die Anwälte beider Seiten
einmal losgelassen, so können sie ver-
heerende Zerstörungen anrichten.

◆

MAN ENGAGIERT KEINEN ELEFANTEN, UM EINE MAUS ZU TÖTEN... UND KEINE MAUS, UM EINEN ELEFANTEN ZU TÖTEN.

◆

Ihr Buchhalter oder Anwalt sollte genau Ihren Bedürfnissen entsprechen. Es gibt diese Dienstleister in allen Formen und Größen. Wenn Sie ein Kleinunternehmen gründen, sollten Sie sich ein kleines Büro suchen, das Sie zu einem vernünftigen Preis betreut. Wenn das Unternehmen wächst, wachsen auch Ihre Probleme, weshalb Sie die beste Hilfe brauchen, die Sie finden können. Nun dürfte es langfristig billiger sein, mehr auszugeben.

◆

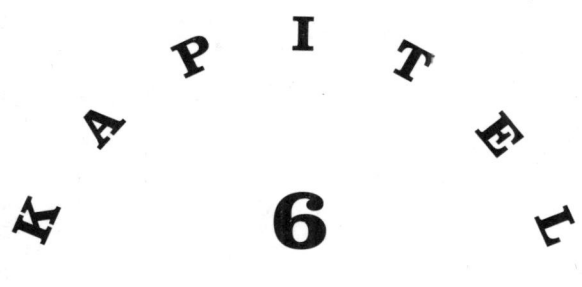

KAPITEL

6

♦

DER GLOBALE MARKT

DENKEN SIE GLOBAL – TESTEN SIE LOKAL.

◆

Ein gutes Unternehmen hat
möglicherweise das Potential zu welt-
weitem Erfolg, aber das muß es
zunächst auf seinem lokalen Markt
unter Beweis stellen. Funktioniert
es zu Hause nicht, so wird es auch auf
der anderen Seite des Erdballs nicht
funktionieren. Stellen Sie fest,
wie gut Sie etwas können, bevor Sie
expandieren.

◆

DER RICHTIGE PRODUKTIONSSTANDORT BEFINDET SICH DORT, WO SIE DIE BESTE QUALITÄT ZU DEN GERINGSTEN KOSTEN ERZEUGEN KÖNNEN.

◆

Die Kunden kümmern sich zumeist nicht darum, ob etwas in einem anderen Stadtteil oder einem anderen Erdteil hergestellt wurde. Sie sagen vielleicht, daß Sie zu Hause produzieren sollten – aber dann kaufen sie das beste Produkt zum besten Preis. Wäre es anders, so würden auf unseren Straßen nur europäische Autos fahren.

◆

DER GROSSTEIL DER WAREN WIRD NICHT AM HERSTELLUNGSORT GEKAUFT.

◆

Wenn Sie im lokalen Markt erfolgreich sind, sollten Sie beginnen, Ihre Aktivität auf das ganze Land und dann auf die ganze Welt auszudehnen. Sind Sie im Binnenmarkt wettbewerbsfähig, so sind Sie es auch im globalen Markt. International ins Geschäft zu kommen ist nicht so schwierig, wie Sie denken.

◆

FÜR EINE GUTE IDEE EXISTIEREN KEINE GRENZEN.

◆

Es gibt nur wenige geschäftliche Aktivitäten, die auf den lokalen Markt beschränkt sind. Ein gutes Konzept oder Produkt wird überall in der industrialisierten Welt erfolgreich sein. Möglicherweise muß es angepaßt werden, aber wenn es im Nachbarort erfolgreich ist, wird es überall in der Welt erfolgreich sein.

◆

PASSEN SIE IHRE PRODUKTE DEN BEDÜRFNISSEN JEDES EINZELNEN LANDES AN.

◆

Möglicherweise müssen Sie dazu
nichts weiter tun, als die Gebrauchsan-
leitung in die Sprache des Landes
zu übersetzen, in dem Sie Ihr Produkt
verkaufen wollen. Vielleicht müssen
Sie aber auch die Größe oder das
Design verändern, um das Produkt
dem dortigen Standard anzupassen. In
Japan kann man amerikanische
Autos nicht verkaufen, ohne das Lenk-
rad rechts einzubauen.

◆

ES SCHADET NICHT, WESEN UND KULTUR EINES LANDES ZU VERSTEHEN.

◆

Jede Nation hat ihren eigenen
Charakter. Um mit seinem Marketing
auf einem bestimmten Markt
erfolgreich zu sein, sollte man sich
darüber klar werden, was
die Menschen dort motiviert.
Die Unterschiede zwischen
den Menschen können faszinierend,
aber auch anstrengend sein.

◆

DIE BRITEN SIND CHARMANT, KULTIVIERT UND KONSERVATIV.

◆

In England sind traditionelle Werte
der Schlüssel zu jedem Geschäft.
Die Briten hören höflich zu, nehmen
neue Ideen jedoch nur langsam
an. Produkte von nachweislich guter
Qualität werden bereitwillig
angenommen, und Loyalität wird hoch
geschätzt. Ein Handschlag gilt im
zivilisiertesten Land der Welt als Ver-
pflichtung.

◆

DIE FRANZOSEN SIND ARBEITSAM, STOLZ UND STILBEWUSST.

◆

Um mit Franzosen ins Geschäft zu
kommen, muß man exquisites Essen,
guten Wein und Designeranzüge
lieben. Ein Geschäftsabschluß wird fast
immer mit einem guten Essen
und einem geselligen Abend gefeiert.
Achten Sie nur darauf, daß alle
Vereinbarungen schriftlich bestätigt
werden. Die Franzosen sind
unendlich mißtrauisch und ausge-
sprochen ehrenhaft.

◆

DIE SCHWEIZER SIND EFFIZIENT, SAUBER UND ENTSCHLOSSEN.

◆

Jedes Haus, jedes Büro und jede Fabrik ist blitzblank geputzt. Die Schweizer sind unglaublich gut organisiert. Der Schweizer Banker zeigt keine Emotion und noch weniger Humor. Die Bankgeschäfte werden häufig mit anonymen Anlegern gemacht. Alle Produkte aus der Schweiz sind von überragender Qualität und Präzision.

◆

DIE ITALIENER SIND KREATIV, LEIDEN- SCHAFTLICH UND VON EXPLOSIVER HERZ- LICHKEIT.

◆

Bei der Arbeit in Italien fühlt man sich, als lebte man inmitten einer großartigen Oper. Das Geschäftsleben ist farbenfroh, melodisch, aufregend und gefühlsbetont. Häufig werden Versprechen gemacht, ohne daß man weiß, wie man sie erfüllen kann. Der Außenstehende wird nie erfahren, wie es gelungen ist, aber das Endprodukt ist elegant – und kommt üblicherweise zu spät.

◆

DIE DEUTSCHEN GLAUBEN, NUR IN DEUTSCHLAND WÜRDEN QUALITÄTS-PRODUKTE HERGESTELLT.

◆

In der deutschen Wirtschaft stößt man überall auf einen ausgeprägten wirtschaftlichen Nationalismus. Für die Deutschen ist Qualität gleichbedeutend mit „Made in Germany". Sie sind berühmt für konservatives Design und für Produkte, die viele Jahre halten.

◆

IN JAPAN IST KEINE ENTSCHEIDUNG ZU GERINGFÜGIG, UM VON EINEM KOMITEE GEFÄLLT ZU WERDEN.

◆

Man sieht nur selten einen Japaner allein reisen. Sämtliche Entscheidungen werden von Gruppen gefällt, die jeden Aspekt des Geschäfts eingehend untersucht haben. Seien Sie darauf gefaßt, daß man Ihren Hintergrund und Ihren Charakter genau durchleuchten wird, bevor man mit Ihnen zusammenarbeitet. Die Japaner machen nicht einfach ein Geschäft, sie knüpfen eine Beziehung.
Sie genießen zu Recht den Ruf, langfristige Lösungen zu finden. Um in Japan Fuß zu fassen, braucht man sehr viel Geduld, aber als Belohnung winkt eine langfristige Beziehung.

DAS TOR ZUM CHINA-GESCHÄFT BEFINDET SICH IN HONGKONG.

◆

Die chinesische Bürokratie macht jede
Geschäftstätigkeit sehr schwierig.
Beziehungen zu freien Märkten fallen
den Chinesen schwer. Dazu kommt
der Mangel an Kreativität. Die erfah-
renen chinesischen Händler in
Hongkong wissen alles, was nötig ist,
um Geschäfte mit dem Westen zu
machen. Sie wissen auch, wie man die
Arbeitskraft des chinesischen Festlands
nutzen kann.

◆

UM DEN WELTMARKT ZU STUDIEREN, BESUCHEN SIE AM BESTEN DIE INTERNATIONALEN MESSEN IHRER BRANCHE.

◆

In jeder Branche gibt es Messen, die zumeist international sind. Dort versammeln sich alle Mitspieler (Hersteller, Agenten, Großhändler) an einem Ort. Sie können mit ihnen allen sprechen, ihre Waren prüfen und sogar herausfinden, wie sie ihre Preise kalkulieren. Die Messe ist der ideale Ort, um auf dem Weltmarkt Kontakte zu knüpfen und Beziehungen aufzubauen.

◆

VERHANDELN SIE NIE IN EINER FREMDEN SPRACHE, GLEICHGÜLTIG, WIE GUT SIE DIESE ZU BEHERRSCHEN GLAUBEN.

◆

In jeder Sprache gibt es Bedeutungsnuancen, die nur von denen verstanden werden, die mit ihr aufgewachsen sind. Manchmal verleiht eine Modifikation der Stimme einem Wort einen völlig anderen Sinn. Wenn Sie einen Dolmetscher einsetzen, gewinnen Sie obendrein ein wenig mehr Zeit zum Überlegen.

◆

OB SIE NUN KAUFEN ODER VERKAUFEN: BEDIENEN SIE SICH EINES ERFAHRENEN AGENTEN.

◆

Den meisten von uns fällt es sehr schwer, direkt mit einer Fabrik Geschäfte zu machen, die Tausende Kilometer entfernt ist. Am besten bedienen Sie sich eines unabhängigen Agenten, der aus dem Land stammt, in dem Sie tätig sind. Sie beschäftigen ihn auf Provisions- oder Gehaltsbasis. Seine Interessen sind auch Ihre Interessen. Er verhandelt in Ihrem Namen. Er überprüft die Qualität und sorgt dafür, daß Ihre Anweisungen befolgt werden.

◆

EGAL, FÜR WIE EHR-LICH SIE IHREN GESCHÄFTSPARTNER HALTEN: SCHREIBEN SIE DIE VEREINBARUNG NIEDER.

◆

Diese Grundregel gilt im internatio-nalen Geschäft noch viel mehr als im Inland. Nach einigen Minuten oder Jahren zählt nur noch die schrift-liche Vereinbarung.

◆

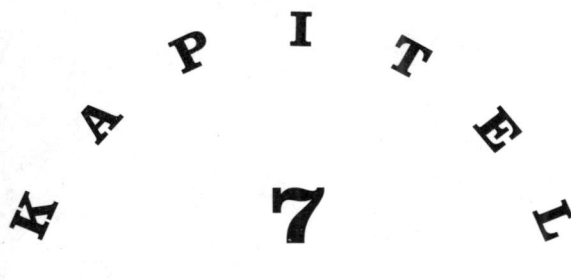

KAPITEL

7

♦

DAS
GESTANDENE
UNTERNEHMEN

EINE GESCHÄFTS-PARTNERSCHAFT IST WIE EINE EHE.

◆

Die Entscheidung für einen Partner
erfordert große Sorgfalt. Denn
hier handelt es sich um eine Geschäfts-
ehe. Eine Scheidung kann so teuer
und schmerzhaft werden wie die Auf-
lösung einer wirklichen Ehe. Sie
müssen Ihren Geschäftspartner nicht
lieben und ehren, aber Sie sollten
ihn sehr wohl respektieren und darauf
achten, daß er seine Pflichten in der
Beziehung erfüllt.

◆

JEDES GESCHÄFT IST PERSÖNLICH.

◆

Nachdem alle Fakten festgelegt,
die Tabellen gelesen und die
Computerausdrucke analysiert sind,
fällt die endgültige Entscheidung.
Üblicherweise beruht sie nicht
ausschließlich auf den harten Fakten.
Auch die persönlichen Gefühle
der Entscheidungsträger spielen eine
Rolle. Niemand wird ein schlechtes
Geschäft mit einem guten Kerl
machen, aber jeder versucht, mit
Menschen Geschäfte zu machen, die er
mag und denen er vertraut.

◆

VERTRAUEN SIE IHREM GEFÜHL.

◆

Das Gefühl wird oft als mystischer
Einfluß bezeichnet, der sich auf
viele Entscheidungen auswirkt. Tatsächlich beruht das Gefühl auf
Erfahrungen. Haben Sie das Gefühl,
ein Geschäft sei gut oder schlecht,
so vertrauen Sie diesem Gefühl ruhig.
In den meisten Fällen wird die Entscheidung richtig sein.

◆

SIE MÜSSEN SICH JEDES JAHR NEU ERFINDEN.

◆

Im Geschäftsleben bleibt nichts unverändert. Die Bedingungen ändern sich laufend. Es müssen neue Lösungen für neue Probleme gefunden werden. Die schlechteste Entschuldigung für schwache Ergebnisse lautet: „Aber wir machen es seit jeher so." Die erfolgreichsten Unternehmen kommen den Veränderungen zuvor und agieren, anstatt zu reagieren.

◆

SÄMTLICHE MIT-ARBEITER SOLLTEN WISSEN, DASS ES KEINE DUMMEN FRAGEN ODER DUMMEN IDEEN GIBT.

◆

Wenn sich die Leute davor fürchten, eine Frage zu stellen oder einen neuen Vorschlag zu machen, wird der Fortschritt gehemmt. Ein suchender Geist, der entsprechend ermutigt wird, ist ungeheuer wertvoll. Man weiß nie, woher die nächste großartige Idee kommen wird.

◆

**MIT GELD LOCKT
MAN GUTE LEUTE AN,
ABER ZU AUSGE-
ZEICHNETEN LEUTEN
WERDEN SIE NUR,
WENN MAN IHNEN
STOLZ VERMITTELT.**

◆

Man muß die Mitarbeiter dazu moti-
vieren, mehr und bessere Produkte
herzustellen, als erwartet wurden.
Ein Gefühl des Stolzes auf die Verfah-
rensweise, die Produkte und das
Unternehmen sorgt für ein energie-
geladenes Arbeitsklima.

◆

WETTBEWERB FÖRDERT DIE INNOVATION.

◆

Ein freier Markt ist das gesündeste
Umfeld für Ihr Unternehmen.
Ihre Konkurrenten zwingen Sie dazu,
sich neuen Erfordernissen anzupassen. Neue Produkte und niedrigere
Preise für den Konsumenten sind
die natürlichen Ergebnisse des Wett-
bewerbs. Ohne freien Wettbewerb
ist die Wirtschaft zum Untergang ver-
dammt, und sie kann auch die
Regierung mit in den Abgrund reißen.
Denken Sie nur an die Sowjetunion.

◆

147

DAS BILD DES UNTER-NEHMENS SPIEGELT DEN CHARAKTER SEINER LEUTE WIDER.

◆

Die Vorstellung, ein Unternehmen habe keine Persönlichkeit, ist vollkommen falsch. Man braucht nur an irgendein Unternehmen zu denken, das in den Nachrichten war, und man wird einen Charakter entdecken. Üblicherweise handelt es sich dabei um das Gesamtbild aller seiner Mitglieder mit dem Unternehmensleiter an der Spitze. Wenn man Chrysler sagt, denkt man an Lee Iacocca. Die meisten erfolgreichen Unternehmen werden von gutwilligen Diktatoren geführt.

◆

SORGFÄLTIGE PLANUNG IST NOCH WICHTIGER ALS HARTE ARBEIT.

◆

Es liegt in der Natur der meisten strebsamen Leute in der Wirtschaft, hart zu arbeiten. Doch der Erfolg eines Unternehmens hängt letzten Ende davon ab, welche Strategie man verfolgt. Da es sehr schwer ist, einen begangenen Fehler wiedergutzumachen, sollte man die Details im voraus genau prüfen. Computer wurden erfunden, um die Überprüfung zu vereinfachen. Benutzen Sie sie.

◆

DER GEWINN STEHT IN DIREKTEM VERHÄLTNIS ZUM RISIKO.

◆

Jede Investition – sei es von Zeit, Mühe oder Ansehen – muß in Beziehung zum Risiko gesetzt werden. Sie können fast immer um so mehr verlieren, je höher der Gewinn ist. Sie können im Glücksspiel ein Vermögen verdienen, es aber ebenso leicht verlieren. Bei einer Investition mit mäßigem Ertrag ist das Risiko normalerweise gering.

◆

JEMAND, DER MEHR WEISS ALS SIE, IST DESHALB NOCH LANGE KEIN EXPERTE.

◆

Zu viele Leute glauben, jemand, der auf einem bestimmten Gebiet mehr als sie weiß, ist deshalb automatisch ein Experte. Überprüfen Sie die Erfolgsgeschichte der fraglichen Person, wenn Sie wissen wollen, ob sie diesen Status tatsächlich verdient. Mit Sicherheit sind nicht alle Berater Experten.

◆

SIE MÜSSEN KEIN FIESER KERL SEIN, UM ERFOLG IM GESCHÄFTS-LEBEN ZU HABEN.

◆

Leo Durocher sagte einmal, die netten
Jungs kämen als letzte ins Ziel.
Aber wenn man sich seine Geschichte
ansieht, erkennt man, daß er selbst
auch nicht allzu oft als erster
durchs Ziel ging. Es hat noch nie
jemanden am Erfolg gehindert,
daß er die Würde anderer Menschen
respektierte.

◆

ENTSPANNEN SIE SICH. IHRE ENTSCHEIDUNG WIRD DEN LAUF DER GESCHICHTE NICHT ÄNDERN.

◆

Viele Leute neigen dazu, sich zu viele Gedanken über jeden einzelnen Schritt zu machen. Indem Sie über jede Entscheidung ewig lange nachgrübeln, vermitteln Sie den Eindruck, unsicher zu sein. Wenn Sie dann vor einem großen Brocken stehen, fällt es Ihnen schwer, glaubhaft zu machen, daß es sich diesmal wirklich um eine wichtige Entscheidung handelt.

◆

WENN SIE RUHE UND FRIEDEN SUCHEN, SOLLTEN SIE SICH AUS DEM WIRTSCHAFTSLEBEN HERAUSHALTEN.

◆

Aufruhr, Aufregung, Streitigkeiten und Streß gehören zum Wirtschaftsleben. Wäre Ihr Geschäft leicht, so würde es jedermann ausüben.
Je größer das Geschäft, desto größer die Konflikte. Das „ruhige Geschäft" ist ein Widerspruch in sich.

◆

**WENN SIE WIRKLICH
VERSTANDEN HABEN,
WO IHR PROBLEM LIEGT,
SIND SIE BEREITS
AUF DEM BESTEN WEG
ZU SEINER LÖSUNG.**

◆

Man löst Probleme nicht, indem man
der zentralen Frage ausweicht.
Fast immer sind nicht die Umstände,
sondern die Menschen die Ursache
für andauernde Schwierigkeiten. Wenn
Sie die Ursache erkennen, ist
die Lösung vielleicht nicht angenehm,
aber offensichtlich.

◆

DIE MEISTEN MENSCHEN STRÄUBEN SICH GEGEN VERÄNDERUNGEN.

◆

Im Lauf der Jahre gewöhnen wir uns an die Annehmlichkeiten sich wiederholender Abläufe. Doch der Wandel der Zeit und geänderte wirtschaftliche Umstände machen die alten Methoden überflüssig. Auch wenn das unangenehm ist: Verfahren müssen geändert werden, um sie den neuen Umständen anzupassen.

◆

DAS UNTERNEHMEN MUSS SEINEN MIT- ARBEITERN MÖGLICH- KEITEN ERÖFFNEN.

◆

Die Mitarbeiter müssen die Gewißheit haben, daß sie in höhere und bessere Positionen aufsteigen können. Wo immer dies möglich ist, sollten freie Positionen mit Leuten aus dem eigenen Unternehmen besetzt werden. Je klarer die Politik, desto besser die Moral.

◆

TALENT OHNE HARTE ARBEIT IST VERGEUDET.

◆

Wenn Sie nicht bereit sind, Mühen
auf sich zu nehmen, berauben Sie sich
Ihrer Erfolgsaussichten. Thomas
Edison erklärt einmal, Genie bestehe
zu 90 Prozent aus Transpiration
und zu 10 Prozent aus Inspiration.

◆

VERSUCHEN SIE STETS, LEUTE ZU ENGAGIEREN, DIE MEHR WISSEN ALS SIE SELBST.

◆

Ein unsicherer Arbeitgeber hält nach
Leuten Ausschau, die er nicht als
Bedrohung empfindet. Doch je mehr
begabte Leute Sie einstellen,
desto größer ist die Chance, daß Ihr
Unternehmen wachsen wird.

◆

SELBSTVERTRAUEN IST DIE GRUNDLAGE FÜR ERFOLG, UND ERFOLG IST DIE GRUNDLAGE FÜR SELBSTVERTRAUEN.

◆

Je mehr Sie erreichen, desto mehr glauben Sie erreichen zu können. Jedesmal, wenn Sie ein Ziel erreicht haben, streben Sie nach höheren Zielen. Mit jedem Erfolg wächst Ihre Gewißheit, weitere Erfolge zu erzielen – ein wunderbarer und erfüllender Kreislauf.

◆

EIN UNTERNEHMEN ENTWICKELT SICH ENTWEDER WEITER ODER ZURÜCK.

◆

So etwas wie einen ruhigen, stabilen
Zustand gibt es nicht. Der Lauf
der Zeit und der Wettbewerb lassen
keinen Stillstand zu. Wenn ein
Unternehmen nicht wächst, so
schrumpft es, und sein Niedergang ist
unvermeidlich.

◆

ENTSCHEIDUNGS-UNFÄHIGKEIT KANN EIN UNTERNEHMEN ZERSTÖREN.

◆

Unternehmen verfallen in Agonie, wenn die Entscheidungen nicht rechtzeitig gefällt werden. Die Tür zu neuen Möglichkeiten steht nicht ewig offen. Wenn Sie nicht handeln, werden es Ihre Konkurrenten tun.

◆

EIN MEETING OHNE VORBEREITUNG IST STETS VERGEUDETE ZEIT.

◆

Nehmen Sie sich die Zeit, eine Tages-
ordnung festzulegen, um systematisch
Probleme in Angriff zu nehmen und
Möglichkeiten zu ergründen. Legen Sie
eine logische Abfolge fest, um
sich Schritt für Schritt einer Lösung zu
nähern. Es gibt kein geordnetes
Meeting auf der Grundlage einer unge-
ordneten Agenda.

◆

GESCHLECHT ODER HAUTFARBE SOLLTEN SICH NIE AUF DIE CHANCEN AUSWIRKEN.

◆

Bei Chancengleichheit denken wir
stets an etwas, das irgendeiner
Minderheit zugute kommt. In Wirk-
lichkeit profitieren alle davon.
Engstirnigkeit verschließt einem
Unternehmen den Zugang
zu einem unerschöpflichen Reservoir
von Begabungen.

◆

**WIRD EIN FEHLER
EINMAL BEGANGEN, SO
IST DAS MENSCHLICH.
WIRD DER GLEICHE
FEHLER EIN ZWEITES
MAL GEMACHT,
SO IST DAS DUMM.**

◆

Die meisten Unternehmen überleben
fast jeden Fehler. Doch ein
Unternehmen wird scheitern, wenn der
gleiche Fehler wieder und wieder
gemacht wird. Aus dem, was wir falsch
machen, sollten wir mehr lernen
als aus dem, was wir richtig machen.

◆

DER RUF BESTEHT IM ALLGEMEINEN ZU RECHT.

◆

Betrüger sind charmant und über-
zeugend. Die Geschäfte, die
sie uns vorschlagen, klingen sowohl
logisch als auch sensationell.
Nehmen Sie sich die Zeit, den Ruf
Ihres Gegenübers zu überprüfen.
Suchen Sie nach Leuten, die Geschäfte
mit ihm gemacht haben.
Ist sein Weg mit Katastrophen ge-
pflastert, so hören Sie ihm freundlich
zu und suchen Sie das Weite.

◆

DIE REISE ZUM ERFOLG SOLLTE EBENSOVIEL FREUDE BEREITEN WIE DIE ANKUNFT AM ZIEL.

◆

Opfern Sie nie die Lebensfreude für
die Aussicht auf zukünftige Erfolge.
Auch entlang des Weges sollten
Sie genug befriedigende Erfahrungen
machen. Wie lange ein Mensch lebt,
steht nicht in seinem Paß. Das Streben
nach Erfolg sollte ebensoviel Freude
bereiten wie der Erfolg selbst.

◆

GESCHÄFTSABSCHLÜSSE SIND WIE BUSSE. WENN SIE EINEN VERPASSEN, KOMMT SICHER BALD DER NÄCHSTE.

◆

Verzweifeln sie nicht, wenn Ihnen ein Geschäft entgeht, auf das Sie große Hoffnungen gesetzt hatten. Meist folgt bald eine weitere Gelegenheit, die noch besser ist als jene, die Ihnen als die größte Ihres Lebens erschien.

◆

KAPITEL

8

◆

UND WAS
KOMMT
NACH DEM
ERFOLG?

GEBEN SIE ETWAS ZURÜCK.

◆

Irgendwann in Ihrem Leben werden
Sie das Gefühl haben, genug
Wohlstand erreicht zu haben. Hoffent-
lich sind Sie dann noch jung,
kräftig und gesund. Was sollen Sie
nun tun? Vielleicht ist es an der Zeit,
etwas zurückzugeben. Geld wird
immer mit Freude angenommen, aber
noch wichtiger sind Ihre Zeit und Ihr
Talent.

◆

GEBEN SIE IHR GEHEIM-
NIS DER FOLGENDEN
GENERATION WEITER.

◆

Im Lauf der Jahre haben Sie Ihre
eigene Methode gefunden, um erfolgreich zu sein. Ihr Zugang sieht
vielleicht anders aus als jener, der an
den Universitäten gelehrt wird,
aber in Ihrem Fall hat er funktioniert.
Wenn Sie stolz auf das sind, was Sie
erreicht haben, sollten Sie es anderen
weitergeben. Sie können an einer
Wirtschaftsuniversität unterrichten
oder ein Buch schreiben. Sie können
die Qualität des Lebens anderer
verbessern und zugleich Ihrem eigenen
mehr Sinn geben.

◆

SIE MÜSSEN KEIN POLI-TIKER SEIN, UM POLITISCH AKTIV ZU SEIN.

◆

Wenn Sie einmal erfolgreich sind, ist
es besonders wichtig, daß Sie sich
für die Gemeinschaft engagieren. Die
Politik ist viel zu wichtig, um sie
den Politikern zu überlassen. Finden
Sie heraus, wofür Ihr gewählter
Vertreter wirklich steht. Sind Sie
damit einverstanden, so geben
Sie ihm jede Unterstützung. Sind
Sie es nicht, so tun Sie alles, um den
Halunken loszuwerden.

◆

BEKÄMPFEN SIE JEDES GESETZ, DAS PRODUKTIONS- ODER INNOVATIONSFEINDLICH IST.

◆

Allzuoft geht mit dem Erfolg der Wunsch einher, den Status quo zu erhalten. Das Leben wird so angenehm, daß wir alles beim alten lassen möchten. Die Angst vor Veränderungen bringt Gesetze hervor, die den Protektionismus fördern. Doch den besten und billigsten Schutz gewährt uns nicht die Behinderung der Konkurrenz, sondern die Produktion von Qualitätsprodukten.

◆

VERKÜNDEN SIE DIE BOTSCHAFT VOM FREIEN UNTER- NEHMERTUM.

◆

In der westlichen Welt haben wir den höchsten Lebensstandard erreicht, den die Welt je gesehen hat. Doch in den letzten zwanzig Jahren haben wir unser Bestes getan, um ihn wieder zu verlieren. Es wurde das Märchen verbreitet, wir seien nicht mehr imstande, kostengünstig Qualitätsprodukte herzustellen. Anscheinend vergaßen wir den Wert der langfristigen Planung. Die freie Marktwirtschaft verbietet es uns, fett und träge zu werden.

◆

ALTER IST NICHT GLEICHBEDEUTEND MIT SENILITÄT.

◆

Um noch lange nach dem Rückzug aus dem aktiven Management ein erfülltes Leben zu führen, müssen Sie sich weiterhin engagieren. Solange Sie auf dem laufenden sind, bleiben Sie jung. Machen Sie den nachfolgenden Generationen klar: Der größte aller Erfolge besteht darin, es geschafft zu haben, ohne zu lügen, zu betrügen oder zu stehlen.

◆